・AVOCADO BOWL・
アボカ丼

緑川鮎香 著

大泉書店

"毎日の食卓を
アボカドでハッピーに！"

いつもの丼（どんぶり）に、アボカドを加えたもの、それが「アボカ丼」です。
ひとつの器で食べられて、お腹も心も満たされるのが丼のよいところ。

アボカドをプラスすることで彩りや栄養、食べ応えがアップし、
切り方や調理法を変えることで飽きずに楽しむことができます。

本書では、忙しいときでもパパッと作れる簡単丼、
彩り豊かで見た目も華やかなカフェ風丼、
ちょっとひと手間かけたごちそう丼と、
3つのカテゴリーで紹介しています。

アボカドが好きな方はもちろん、アボカド調理が初めての方でも
楽しんでいただけたら嬉しいです。

緑川 鮎香

（ 本書のルール ）

🥑 アボカドについて

⊘ アボカド1個の重量は200g（正味140g）を目安にしたレシピになっています。アボカドの大きさに応じて加減してください。

⊘ 追熟が完了した食べ頃のアボカドを使用しています（詳しくは→P6参照）。

🥑 調味料について

⊘ 砂糖…きび砂糖(または上白糖)

⊘ 酢…穀物酢（または米酢）

⊘ しょうゆ…濃口しょうゆ

⊘ 油・揚げ油…サラダ油、米油などの香りの少ない油

⊘ おろししょうが・おろしにんにく…しょうが・にんにくをすりおろしたもの（チューブでも代用可）

※基本的には、ご家庭にあるもの、普段お使いのものをご使用ください。

🥑 その他

⊘ 分量の大さじ1は15ml、小さじ1は5mlです。

⊘ 電子レンジは600Wを使用しています。

⊘ ごはんの分量は、1杯…150g、軽く1杯…100gを目安にしています。お好みで調節してください。

⊘ 付け合わせは、記載の食材に限らず、お好みのものでお試しください。

CONTENTS

PART
3
ひと手間かけた
ごちそう丼

アボカドの基本

選び方のポイント、保存方法、切り方など
アボカドを扱う上での基本をおさらいしましょう。

選び方のポイント

アボカドは追熟させておいしく食べられる果実のひとつ。店舗では、未熟～完熟のものが売られているので、食べたいタイミングに合わせて選ぶとよいでしょう。

皮

【要追熟】

【食べ頃】

黒に近い色になると食べ頃。ふっくらとしてツヤがあるものがよい。数日後に食べる場合は、追熟するため緑～深緑色のものを選ぶ。

ヘタ

なるべくヘタが付いているものを選ぶ。取れている場合はヘタ周辺にカビが生えてないもの、黒ずんでないものを選ぶ。写真のように、ヘタに深い穴が空いていると、果肉まで黒く傷んでいる場合があるので要注意。

かたさ

手で軽く握り、指の腹でそっと押して気持ち凹むくらいになれば食べ頃に。握ったときにかたさをしっかり感じるものはまだ早い。

注意書き

● 選び方のポイントは「ハス種」を基準としています。
● かたさは自宅で追熟する場合の目安にしましょう。陳列されているものをベタベタと触るのはNG。果肉が傷む恐れがあります。

保存方法

アボカドは熟度や、切る前と後で保存方法が異なります。ベストなタイミングとおいしさをキープするために、アボカドの状態によって保存方法を変えましょう。

切る前

未熟

完熟

完熟前の緑色のかたいアボカドは、20℃前後の室温で追熟させると3〜5日程度で食べ頃になる。りんごなどの、エチレンガスを多く発する果物を一緒に袋に入れると、熟成を早めることもできる。

食べ頃のアボカドはビニール袋に入れ、冷蔵庫（野菜室）で保存。冷蔵すると追熟が抑えられ、状態が長持ちする。低温すぎると追熟が進まず、果肉が傷むので注意。冷気が強く当たる場所も避ける。

切った後

早めに使い切る場合　　**長期保存する場合**

一度に食べきれない場合は、種の付いたほうを残し、空気に触れないようにラップで包んで冷蔵庫へ。2日以内に食べきる。

長く保存する場合は、冷凍がおすすめ。金属製のトレイの上にラップを敷き、好みの形に切ったアボカドを並べる。その上にラップを密着させるようにかぶせて冷凍庫へ。完全に凍ったらジッパー付きの保存袋に移す。保存期間の目安は1カ月程度。

→冷凍アボカドの使い方はP36のコラムを参照

切り方

コツを覚えれば切るのは簡単！　種を取る、皮をむくなど、切り方の基本をマスターしましょう。

※皮は流水でよく洗い、種を取るときはケガをしないように注意をしてください。

アボカドを縦にして包丁を入れ、種に沿って1周切り込みを入れる。

アボカドを両手で持ち、手を逆方向に動かして半分にする。

包丁の刃元を種にさし、左右に動かしながらえぐり取る。

手で皮をむき、好みの形に切る（皮と果肉の間にスプーンを入れてくり抜いてもよい）。

⤚ 変色を防ぐコツ ⤙

アボカドは果肉が空気に触れると黒く変色する。調理の際はレモン汁をふる、果肉を覆うように肉などを巻く、チーズなどの乳製品と混ぜたりすると変色を抑えられる。また、サラダなどにトッピングをする場合は、盛り付けをする直前に切るのがおすすめ。

切り方の
バリエーション

切り方や形状を変えることで、盛り付けが華やかになり、食感の違いを楽しむこともできます。本書に登場する切り方のバリエーションを見てみましょう。

半割り

スライス

角切り（大・小）

くし形切り（縦）

くし形切り（横）

つぶす

⟩ 料理が華やぐアボカドフラワー ⟨

半分に切ったアボカドの皮をむき、2〜3mmの厚さにスライスする。

ななめにずらして棒状に伸ばし、端からクルクルと花の形になるように巻く。

9

ディップ
だけじゃ
ない！

ワカモレレシピ

メキシコで代表的なサルサ料理のワカモレ。
基本とアレンジしたワカモレの2種を紹介します。

ワカモレ

¡BASIC¡

材料

アボカド …… 正味100g
紫玉ねぎ …… 30g
トマト …… 30g
パクチー（好みで）…… 5g
A ｜ レモン汁 …… 小さじ1
　　｜ 塩・こしょう…各少々

作り方

1. 紫玉ねぎはみじん切りに、トマトとパクチーは粗みじん切りにする。

2. ボウルにアボカドを入れてフォークでつぶし、**1**と**A**を加えて混ぜる。

※レシピで掲載されているワカモレの分量は、ここで作る量を基準としてください。

ワカモレを使用しているレシピ

ワカモレ・タコライス
→P44

ファラフェルとワカモレの
ライスボウル
→P54

エスニック風
ワカモレ塩さば丼
→P92

タルタル風ワカモレ

¡TARTAR!

材料

アボカド ……… 正味100g

玉ねぎ ……… 30g

きゅうりのピクルス ……… 30g

A マヨネーズ ……… 小さじ2

　レモン汁 ……… 小さじ1

　砂糖 ……… ひとつまみ

　塩・こしょう ……… 各少々

作り方

1 玉ねぎときゅうりのピクルス
はみじん切りにする。

2 ボウルにアボカドを入れて
フォークでつぶし、**1**と**A**を
加えて混ぜる。

※レシピで掲載されているワカモレの分量は、ここで作る量を基準としてください。
※料理によっては、玉ねぎを紫玉ねぎに変更して作るレシピもあります。

POINT

🥑 玉ねぎはみじん切りにした後、水にさらすか、軽く塩もみをすると食べやすい味になる。

🥑 きゅうりのピクルスは生のきゅうりで代用可能。その場合は、調理前に玉ねぎと一
緒に軽く塩もみをする。

タルタル風ワカモレを使用しているレシピ

**チキン南蛮の
アボタル丼**
→P78

**レアサーモンソテーの
アボタル丼**
→P86

**照り焼きめかじきの
わさびアボタル丼**
→P90

丼にトッピングレシピ

丼を彩る
野菜の
おかず

アボカ丼が映える＆栄養バランスアップ！
作り置きができる、彩り鮮やかな付け合わせを紹介します。

※保存期間はあくまでも目安です。煮沸消毒した清潔な容器に入れて保存し、できるだけ早くお召し
上がりください。

キャロットラペ

冷蔵保存
4〜5日

材料

にんじん …… 150g
塩 …… 小さじ1/4
こしょう …… 少々
Ａ｜白ワインビネガー（または酢）
　　…… 大さじ1
　｜オリーブ油…大さじ1

作り方

1 にんじんは斜め薄切りにしてから
　千切りにする。ボウルに入れて塩
　もみし、5〜10分おく。

2 1の水気をしぼり、Ａで和える。
　好みでくるみやレーズンを加えて
　もよい。

紫キャベツの甘酢漬け

冷蔵保存
4〜5日

材料

紫キャベツ …… 200g
塩 …… 小さじ1/2
Ａ｜酢 …… 大さじ2
　｜砂糖 …… 大さじ1

作り方

1 紫キャベツは千切りにする。ボウ
　ルに入れて塩もみし、5〜10分おく。

2 1の水気をしぼり、よく混ぜ合わ
　せたＡで和える。好みでコーンな
　どを加えてもよい。

彩り野菜のピクルス

材料

パプリカ（赤・黄）……計150g
カリフラワー（またはカブ）……150g
A 水……200ml
　　酢……100ml
　　塩……小さじ1
　　砂糖……大さじ3
　　ローリエ……1枚
　　粒黒こしょう……小さじ1/2

作り方

1 パプリカ、カリフラワーは食べやすい大きさに切り、清潔な保存容器(ホーローやガラス瓶)に入れる。

2 鍋に**A**を入れて火にかけ、ひと煮立ちさせたら、熱いうちに1に注ぐ。粗熱がとれたら冷蔵庫に入れて半日以上おく。

きのこの簡単ナムル

材料

しめじ・まいたけ・えのき
　　……計200g
A ポン酢……大さじ1と1/2
　　ごま油……小さじ2

作り方

1 しめじ、まいたけ、えのきは好みの大きさに切り分け、耐熱ボウルに入れてふんわりとラップをかけて、電子レンジで3分加熱する。

2 1をザルに上げて水気をきり、**A**で和える。好みでにんにくやごまなどを加えてもよい。

ごはんの種類

ごはんをアレンジしてバラエティ豊かな丼に！
本書に出てくる3種類のごはんのレシピを紹介します。

ターメリックライス

材料と作り方

米2合に既定量の水とターメリック小さじ1/4、オリーブ油小さじ1を加え、軽く混ぜて炊く。

雑穀ごはん

材料と作り方

米2合に雑穀30gを入れ、既定量の水を加えて炊く。雑穀の量は好みで加減。

酢めし

材料

米（炊飯後）…… 300g

A ┌ 酢 …… 大さじ2弱
  │ 砂糖 …… 小さじ2
  └ 塩 …… 小さじ1/3

作り方

米をかために炊く。炊き上げた米に **A** をよく混ぜ合わせる。市販のすし酢で代用可能。

PART

1

5分でパパッと
簡単丼

家によくある食材で、
時間がないときや疲れた日に
手軽にできる時短レシピ。
どれも5分以内で完成です。

明太子＋塩昆布で
ごはんのすすむ
アボカドのナムル。

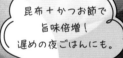

昆布＋かつお節で
旨味倍増！
遅めの夜ごはんにも。

16

明太ナムルのアボカ丼

アボカドの形状 > 角切り（大）　ごはんの種類・分量 > ごはん…… 1杯

材料（1人分）

アボカド…… 1/2個
明太子…… 20g
小ねぎ（小口切り）…… 10g
塩昆布…… 3g
A ごま油…… 小さじ1
　レモン汁…… 少々
白いりごま…… 適量

作り方

1 アボカドは2㎝角に切ってボウルに入れ、明太子と小ねぎ、塩昆布を合わせ、Aで和える。

2 器にごはんをよそい、1を盛り付け、白いりごまをふる。

おかか昆布の豆腐アボカ丼

アボカドの形状 > 角切り（大）　ごはんの種類・分量 > ごはん…… 1杯

材料（1人分）

アボカド…… 1/2個
絹豆腐…… 小1/2パック（60g）
塩昆布…… 3g
A ポン酢・ごま油
　…… 各小さじ1
かつお節…… 適量

作り方

1 アボカドと絹豆腐は2㎝角に切ってボウルに入れ、塩昆布を合わせ、Aで和える。

2 器にごはんをよそい、1を盛り付け、かつお節をのせる。

アボカド＋卵黄＋
海苔の佃煮で
うにのような
味わいに。

Recipe
03

まるでうに丼

アボカドの形状 〉半割り　ごはんの種類・分量 〉ごはん（または酢めし）……1杯

材料（1人分）
アボカド……1/2個
卵黄……1個分
海苔の佃煮……小さじ1
大葉……1枚
しょうゆ・練りわさび……各適量

作り方
1. アボカドは半割りにする。
2. 器にごはんをよそい、大葉を敷いて**1**を盛り付ける。種のくぼみに卵黄をのせ、海苔の佃煮と練りわさびを添え、しょうゆをかける。

HALF

食欲のないときにも
なめたけと
おろしポン酢で
さっぱりと！

なめたけおろしのアボカ丼

アボカドの形状 ▶ スライス　　ごはんの種類・分量 ▶ ごはん……1杯

材料（1人分）

アボカド …… 1/2個
なめたけ …… 20g
大根おろし …… 大さじ1
ポン酢・七味唐辛子 …… 各適量

作り方

1 アボカドは1cmの厚さにスライスする。

2 器にごはんをよそい、1を盛り付け、なめたけと大根おろしをのせる。ポン酢をかけ、七味唐辛子をふる。

SLICE

梅干しとしらすの
塩気だけであっさりと
食べられる丼。

梅しらすのアボカ丼

アボカドの形状 〉 角切り（大）　　ごはんの種類・分量 〉 ごはん …… 1杯

材料（1人分）

アボカド …… 1/2個
しらす …… 20g
梅干し（塩分6〜8%）
　　…… 1個（正味10g）
大葉 …… 1枚
白いりごま …… 適量

作り方

1. アボカドは2cm角に切る。梅干しは種を取り、果肉を包丁で細かくたたく。

2. 器にごはんをよそい、アボカドとしらすを盛り付ける。中央に大葉と梅干しをのせ、白いりごまをふる。

DICE

まぐろのたたきの
代わりに
つぶしたアボカドを
のせて。

~Recipe~
06

ばくだんアボカ丼

アボカドの形状 > つぶす ・ ごはんの種類・分量 > ごはん（または酢めし）…… 1杯

材料（1人分）

アボカド …… 1/4個

納豆（タレ含む）
　　…… 小1パック（30g）

オクラ …… 2本

たくあん …… 2枚（30g）

刻みのり …… 適量

温泉卵 …… 1個

しょうゆ …… 適量

作り方

1　アボカドはフォークでつぶす。納豆はタレを加えて混ぜる。オクラはさっとゆで、薄い輪切りにする。たくあんは1cm角に切る。

2　器にごはんをよそい、1を盛り付ける。中央に温泉卵と刻みのりをのせ、しょうゆをかける。

CRUSH

21

昆布の旨味が効いた
アボカド茶漬け。
お酒の〆にも。

溶けたチーズと
アボカドがマッチした
コンソメ味の
洋風茶漬け。

昆布とアボカドの
わさび茶漬け

アボカドの形状 > スライス　　ごはんの種類・分量 > ごはん……軽く1杯

材料（1人分）

アボカド …… 1/2個
昆布の佃煮 …… 15g
小ねぎ・練りわさび …… 各適量
A 熱湯 …… 120ml
　　顆粒だし …… 小さじ1/4
白いりごま …… 適量

作り方

1　アボカドは1cmの厚さにスライスする。

2　器にごはんをよそい、1を盛り付け、昆布の佃煮、小ねぎ、練りわさびをのせる。混ぜ合わせた**A**を注いで白いりごまをふる。

さけとアボカドの
コンソメ茶漬け

アボカドの形状 > 角切り（小）　　ごはんの種類・分量 > ごはん……軽く1杯

材料（1人分）

アボカド …… 1/4個
さけフレーク …… 20g
シュレッドチーズ（生食用）
　　…… 20g
A 熱湯 …… 120ml
　　顆粒コンソメ …… 小さじ1/4
粗びき黒こしょう …… 適量

作り方

1　アボカドは1cm角に切る。

2　器にごはんをよそい、1を盛り付け、さけフレーク、シュレッドチーズをのせる。混ぜ合わせた**A**を注ぎ、粗びき黒こしょうをふる。

23

材料4つで絶品丼！
簡単でクセになる
美味しさ。

塩辛パクチーアボカ丼

アボカドの形状 〉角切り（大）　ごはんの種類・分量 〉ごはん ⋯⋯ 1杯

材料（1人分）

アボカド ⋯⋯ 1/2個
いか塩辛 ⋯⋯ 30g
パクチー ⋯⋯ 10g
ラー油 ⋯⋯ 適量

作り方

1. アボカドは2cm角に切る。パクチーをトッピング用に少量とっておき、残りは粗く刻み、いか塩辛と一緒に和える。

2. 器にごはんをよそい、1をのせてラー油をかけ、残りのパクチーを添える。

DICE

アボカドの
まったり食感と
ラー油の
ザクザク食感が好相性。

Recipe
10

チキンの旨辛アボカ丼

アボカドの形状 > スライス   ごはんの種類・分量 > ごはん …… 1杯

材料（1人分）

アボカド …… 1/4個
サラダチキン（プレーン）
　…… 1/2枚
レタス …… 1枚
A　しょうゆ・酢
　…… 各小さじ1/2
食べるラー油 …… 適量

作り方

1 アボカドとサラダチキンは1cmの厚さにスライスする。レタスは適当な大きさに手でちぎる。

2 器にごはんをよそい、1のレタスを敷いて、アボカドとサラダチキンを交互に盛り付ける。混ぜ合わせたAと食べるラー油をかける。

SLICE

少しかためのアボカドは
じっくり焼くと
ほくほくした
柔らかい食感に。

卵＋アボカドで
栄養満点！
とろとろ卵と
相性バッチリ。

Recipe
11

Recipe
12

ウインナーエッグの
アボカ丼

(アボカドの形状)＞ くし形切り（縦） (ごはんの種類・分量)＞ ごはん …… 1杯

材料（1人分）
アボカド …… 1/4個
ウインナー …… 2本
卵 …… 1個
油 …… 適量
しょうゆ・粗びき黒こしょう
　　…… 各適量

作り方
1 アボカドは縦くし形に切る。ウインナーは斜めに数カ所切り込みを入れる。

2 フライパンに油を入れて中火で熱し、目玉焼きを作る。その横で**1**をこんがりと焼く。

3 器にごはんをよそい、**2**を盛り付け、しょうゆをかけて粗びき黒こしょうをふる。

スクランブルエッグの
ハムアボカ丼

(アボカドの形状)＞ 角切り（大） (ごはんの種類・分量)＞ ごはん …… 1杯

材料（1人分）
アボカド …… 1/2個
ハム …… 2枚
卵 …… 1個
A 牛乳 …… 大さじ1
　　粉チーズ …… 小さじ1
　　塩・粗びき黒こしょう
　　　　…… 各少々
油 …… 適量
パセリ（みじん切り）…… 適量

作り方
1 アボカドは2cm角に切る。ハムは1cm四方に切る。卵をボウルに割りほぐし、**A**を入れて混ぜ、アボカドとハムを加える。

2 フライパンに油を入れて中火で熱し、**1**を流し入れる。大きくかき混ぜ、好みの半熟加減になったら火を止める。

3 器にごはんをよそい、**2**を盛り付け、パセリをふる。

コンビーフとアボカドで
即席洋風丼。
キャベツも
たっぷりのせて。

Recipe 13

キャベコンアボカ丼

アボカドの形状 > 角切り（小）   ごはんの種類・分量 > ごはん ⋯⋯ 1杯

材料（1人分）

アボカド ⋯⋯ 1/4個
コンビーフ缶 ⋯⋯ 1/2缶（40g）
キャベツ（千切り）⋯⋯ 30g
粗びき黒こしょう ⋯⋯ 少々
A ｜ ケチャップ・中濃ソース
   ｜ ⋯⋯ 各小さじ1
パセリ（みじん切り）⋯⋯ 適量

作り方

1　アボカドは1cm角に切る。コンビーフを耐熱容器に入れ、電子レンジで20秒加熱してほぐし、粗びき黒こしょうをふる。

2　器にごはんをよそい、キャベツを敷き、1を盛り付け、混ぜ合わせたAをかけてパセリをふる。

甘辛味で
ごはんがススム♪
レンジ調理で
すぐできる！

- Recipe -
14

鶏キムチーズのアボカ丼

(アボカドの形状)➤角切り（大）　(ごはんの種類・分量)➤ごはん‥‥‥1杯

材料（1人分）

アボカド‥‥‥1/4個
焼き鳥缶（たれ味）‥‥‥1缶（70g）
キムチ‥‥‥30g
ピザ用チーズ‥‥‥20g
粗びき黒こしょう‥‥‥適量

作り方

1 アボカドは2cm角に切り、焼き鳥（タレごと）、キムチ、ピザ用チーズと一緒に耐熱容器に入れ、ふんわりとラップをかけて電子レンジで1分半加熱する。

2 器にごはんをよそい、**1**を盛り付け、粗びき黒こしょうをふる。

DICE

低脂肪のささみと相性◎
身近な調味料で
バンバンジー風の丼に。

バンバンアボカ丼

アボカドの形状 ＞ スライス　　ごはんの種類・分量 ＞ ごはん …… 1杯

材料（1人分）

アボカド …… 1/4個
ささみ缶 …… 1缶（70g）
ミニトマト …… 1個
サニーレタス …… 適量
きゅうり（スライス）…… 2枚
A ポン酢・白すりごま
　　　…… 各小さじ1
　　マヨネーズ …… 小さじ2
　　ラー油 …… 適量

作り方

1. アボカドは7㎜の厚さにスライスし、ミニトマトは半分に切る。

2. 器にごはんをよそい、汁気を切ったささみと **1** を盛り付け、サニーレタス、きゅうりをのせ、混ぜ合わせた **A** をかける。

刻んだらっきょうの
小気味よい歯応えが
アクセント。

-Recipe-
16

ツナマヨアボカ丼

(アボカドの形状) スライス   (ごはんの種類・分量) ごはん……1杯

材料（1人分）

アボカド……1/4個
ツナ缶……1缶（70g）
らっきょう（みじん切り）
　　　……15g
A マヨネーズ……大さじ1
　　レモン汁・粗びき黒こしょう
　　　……各少々
レモン（いちょう切り）……適量

作り方

1 アボカドは7㎜の厚さにスライスする。軽
　く汁気を切ったツナとらっきょうをボウル
　に入れて合わせ、**A**で和える。

2 器にごはんをよそい、1を盛り付ける。好
　みでマヨネーズをかけて（分量外）、レモ
　ンを添える。

SLICE

31

缶詰の定番
「さば水煮」と
アボカドを梅味で
爽やかな味わいに。

味噌との相性も◎
薬味を加えて
あっさりと食べやすく。

梅さばアボカ丼

[アボカドの形状] 角切り（大）　[ごはんの種類・分量] ごはん……1杯

材料（1人分）

アボカド …… 1/2個
さば水煮缶 …… 70g
梅干し（塩分6〜8％）
　…… 1個（正味10g）
A｜しょうゆ……小さじ1/2弱
　｜酢……小さじ1
水菜（ざく切り）……適量

作り方

1. アボカドは2cm角に切り、さばは一口大に切る。梅干しは種を取り、果肉を包丁で細かくたたく。

2. **1**をボウルに入れて合わせ、**A**で和える。

3. 器にごはんをよそい、**2**を盛り付け、水菜を添える。

さば味噌生姜のアボカ丼

[アボカドの形状] 角切り（大）　[ごはんの種類・分量] ごはん……1杯

材料（1人分）

アボカド …… 1/2個
さば味噌煮缶 …… 70g
A｜缶の煮汁……大さじ1
　｜おろししょうが……小さじ1
小ねぎ（小口切り）・白いりごま
　……適量

作り方

1. アボカドは2cm角に切り、さばは一口大に切る。

2. **1**をボウルに入れて合わせ、**A**で和える。

3. 器にごはんをよそい、**2**を盛り付ける。小ねぎをちらし、白いりごまをふる。

DICE

缶の汁まで
無駄なく利用。
暑い季節にサラッと
食べられる。

Recipe
19

さけの冷や汁風
アボカ丼

(アボカドの形状) 角切り（大）　(ごはんの種類・分量) ごはん …… 1杯

材料（1人分）

アボカド …… 1/4個
さけの水煮缶 …… 小1缶（90g）
ミニトマト …… 2個
みょうが …… 1/2個
A 冷水
　　…… 缶詰の汁と合わせて150ml
　味噌・白すりごま
　　…… 各大さじ1/2

作り方

1 アボカドは2cmの角切りに、ミニトマトは1個を4等分に切り、みょうがは千切りに、さけは一口大に切る。

2 器にごはんをよそい、1を盛り付け、混ぜ合わせたAをかける。

和風のサルサに
ゆずこしょうで
アクセントを加えて。

Recipe
20

さんまの和風アボカド
サルサ丼

アボカドの形状 > 角切り（小）　　ごはんの種類・分量 > ごはん……1杯

材料（1人分）

アボカド …… 1/4個
さんまのかば焼き缶（いわしでも可）
　　…… 1缶（100g）
ミニトマト …… 2個
玉ねぎ …… 10g
A　ゆずこしょう …… 小さじ1/4
　　酢 …… 小さじ1
大葉 …… 1枚

作り方

1　アボカドは1cmの角切りにする。ミニトマトは1個を4等分に切り、1切れを半分に切って8等分にする。玉ねぎはみじん切りにする。これらをボウルに入れて、混ぜ合わせた A で和える。

2　器にごはんをよそい、さんまのかば焼きをのせて 1 を盛り付け、ちぎった大葉をちらす。

アボカドの冷凍保存と活用法

切ったアボカドを数日で食べきれないときや、食べごろの
アボカドをまとめ買いしたときなどには冷凍保存がおすすめです。

▷ 冷凍保存について

P7のように、金属製のトレイに
のせて冷凍するほか、つぶした
アボカドを冷凍専用の小分け容
器に入れて保存すると使い勝手
がよい。

- ⌄ **保存期間の目安** 1ヵ月程度
- ⌄ **解凍方法**
  空気に触れないように自然解凍するか、温まら
  ない程度に電子レンジで数秒加熱する。
- ⌄ **活用例**
  解凍するとやわらかくなるので、食感が気にな
  らない料理に使うのがおすすめ。(スムージー、
  スープ、ワカモレなど)

▷ 冷凍アボカド活用・簡単レシピ

アボカド・ラッシー

材料 (1人分)

冷凍アボカド …… 50g
A 無糖ヨーグルト …… 100g
　　牛乳(または水) …… 100ml
　　はちみつ …… 大さじ1
　　レモン果汁 …… 小さじ1
カットレモン(好みで) …… 適量

作り方

半解凍したアボカドと**A**をミキサーに入れ、な
めらかになるまで攪拌する。好みでカットレモン
をしぼり入れる。

見て楽しい！
彩りカフェごはん

栄養価の高いアボカドに
いろいろな野菜を組み合わせた
見て楽しめる、彩り豊かな
カフェ風レシピを紹介します。

カフェの定番メニュー
"ロコモコ"を
ヘルシー仕立てに。

豆腐バーグの
ロコモコアボカ丼

アボカドの形状 > スライス　　ごはんの種類・分量 > ごはん……2杯

材料（2人分）

アボカド…… 1/2個
合いびき肉…… 100g
木綿豆腐…… 100g
玉ねぎ…… 1/4個（50g）
A 塩…… 小さじ1/4
　こしょう・ナツメグ……各少々
　卵…… 1/2個
　パン粉…… 10g
油…… 大さじ1/2
B 中濃ソース・ケチャップ
　……各大さじ1
卵…… 2個
【付け合わせ】
リーフレタス・
　トマト（くし形切り）・
　紫玉ねぎ（スライス）・
　キャロットラペ（→P12）
　……各適量

作り方

1 ボウルに合いびき肉と木綿豆腐、みじん切りにした玉ねぎ、A を入れてよく練り混ぜる。2等分の小判型に成形し、真ん中をくぼませる。

2 フライパンに油を入れて中火で熱し、1 を入れて焼く。こんがりと焼き色が付いたら裏返し、弱めの中火で火が通るまで5〜6分焼く。

3 耐熱容器にフライパンの肉汁小さじ1 と B を混ぜ合わせ、電子レンジで30秒加熱する。

4 フライパンのよごれをキッチンペーパーでふき取り、油を適量（分量外）入れて中火で熱し、目玉焼きを作る。

5 器にごはんをよそい、2 を盛り付け、3 をかける。スライスしたアボカドと4 をのせ、付け合わせを添える。

──── POINT ────

◊ 木綿豆腐は軽く水切りする程度でOK。

◊ 付け合わせの野菜には、紫キャベツの甘酢漬け（→P12）もおすすめ。

ハワイの定番サラダを
丼に。レモンを
たっぷりしぼって♪

黄身のせアボカドが
キュートなポキ丼。
まぐろとの相性
抜群！

アボカドのロミロミサーモン丼

(アボカドの形状) 角切り（大）　(ごはんの種類・分量) 酢めし（→P14）…… 2杯

材料（2人分）

アボカド …… 1/2個
サーモン（刺身用）…… 120g
トマト …… 50g
紫玉ねぎ …… 30g
A｜ 塩 …… 小さじ1/4
　　レモン汁・オリーブ油
　　…… 各小さじ2
　　粗びき黒こしょう …… 少々
フリルレタス・
　レモン（くし形切り）…… 各適量

作り方

1. アボカドとサーモンは1.5cm角に切る。トマトは1cm角に切る。紫玉ねぎは粗みじん切りにする。
2. ボウルに1を入れ、Aを加えて和える。
3. 器に酢めしをよそい、2を盛り付け、フリルレタスとレモンを添える。

まぐろとアボカドのポキ丼

(アボカドの形状) 半割り　(ごはんの種類・分量) 酢めし（→P14）…… 2杯

材料（2人分）

アボカド …… 1個
まぐろ（刺身用）…… 150g
玉ねぎ …… 20g
A｜ 塩昆布 …… 5g
　　しょうゆ …… 小さじ1
　　ごま油 …… 小さじ2
　　白いりごま …… 小さじ1
パクチー …… 適量
卵黄 …… 2個分

作り方

1. アボカドは半割りにする。まぐろは2cmの角切り、玉ねぎは極薄切りにする。
2. ボウルにまぐろと玉ねぎを入れ、Aを加えて和える。
3. 器に酢めしをよそい、2とアボカドを盛り付け、ざく切りにしたパクチーを添える。アボカドの種のくぼみに卵黄をのせる。

栄養バランスも◎
人気のチキンメニューに
アボカドを合わせて。

Recipe
24

アボ・チキンオーバーライス

> アボカドの形状 くし形切り（縦）

> ごはんの種類・分量 ターメリックライス
> （→P14）……2杯

材料（2人分）

アボカド …… 1/2個

鶏もも肉 …… 200g

A 無糖ヨーグルト …… 50g

チリパウダー・おろしにんにく
…… 各小さじ1

塩 …… 小さじ1/2

油 …… 大さじ1

【付け合わせ】

フリルレタス・ミニトマト・
紫キャベツの甘酢漬け（→P12）
…… 各適量

B 無糖ヨーグルト・マヨネーズ
…… 各大さじ1

作り方

1 鶏もも肉は半分に切り、皮の面を下に
して、肉の厚い部分に数カ所切り込み
を入れて、開きながら厚みを均一にし、
A を揉み込んで10〜15分おく。

2 フライパンに油を入れて中火で熱し、
1 を皮の面を下にして焼く。こんがり
と焼き色が付いたら裏返し、弱めの中
火で火が通るまで4〜5分焼く。食べ
やすい幅に切る。

3 器にターメリックライスをよそい、**2**
と縦くし形に切ったアボカドを盛り付
け、付け合わせを添える。混ぜ合わせ
た **B** をかける。

アボカドフラワーを
盛り付けて
おしゃれ感アップ！

ガーリックシュリンプアボカ丼

(アボカドの形状) アボカドフラワー（→P9） (ごはんの種類・分量) ごはん……2杯

材料（2人分）

アボカド …… 1個
えび（殻つき）…… 170g
にんにく（みじん切り）…… 1片
塩 …… 小さじ1/3
こしょう …… 少々
小麦粉 …… 適量
オリーブ油 …… 大さじ1と1/2
Ⓐ 酒 …… 大さじ1
　しょうゆ …… 小さじ1/2
バター …… 5g
レモン汁 …… 小さじ1
ベビーリーフ・レモン（くし切り）
　…… 適量

作り方

1 えびは尾の一節を残して殻をむき、背ワタ
を取る。片栗粉（分量外）を揉み込んで洗
う。水気をキッチンペーパーでふき取り、
塩・こしょうをふって小麦粉をまぶす。

2 フライパンにオリーブ油とにんにくを入れ
て弱めの中火で熱し、1のえびを入れて2～
3分焼く。中火にしてⒶを加え、汁気がな
くなるまで炒めたら、バターとレモン汁を
加えて混ぜる。アボカドフラワーを作る（→
P9）。

3 器にごはんをよそい、2を盛り付け、ベビー
リーフとレモンを添える。

43

Recipe
26

おもてなしにピッタリな
見た目がかわいい
タコライス。

ワカモレ・タコライス

⟨ **アボカドの形状** ⟩ つぶす　⟨ **ごはんの種類・分量** ⟩ ごはん‥‥‥ 2杯

材料（2～4人分）

ワカモレ（→P10）‥‥‥ 全量
合いびき肉 ‥‥‥ 150g
ひよこ豆（水煮缶）‥‥‥ 50g
玉ねぎ ‥‥‥ 100g
にんにく ‥‥‥ 1片
油 ‥‥‥ 小さじ1
チリパウダー ‥‥‥ 小さじ2
A ┃ ケチャップ・中濃ソース
　　　‥‥‥ 各小さじ2
　　┃ しょうゆ ‥‥‥ 小さじ1
　　┃ 塩・こしょう ‥‥‥ 各少々
トルティーヤチップス・パクチー
　‥‥‥ 各適量

作り方

1 玉ねぎとにんにくはみじん切りにする。**A** を混ぜ合わせておく。

2 フライパンに油を入れて中火で熱し、**1** を炒める。玉ねぎが透き通ってきたら、合いびき肉を入れて炒める。肉の色が変わったら、ひよこ豆とチリパウダーを入れてさっと炒め、**A** を加えて味付けをする。

3 器にごはんをよそい、**2** を盛り付け、トルティーヤチップス、ワカモレ（→P10）、パクチーを添える。

CRUSH

‥‥‥‥‥‥‥ ＼ ｜ ／ POINT ‥‥‥‥‥‥‥

- ひき肉を炒めた後に、余分な脂をキッチンペーパーでふき取るとあっさりとした仕上がりに。
- ひよこ豆をミックスビーンズで代用してもOK。水煮缶に限らず、ドライパックでもよい。

アボカドとパプリカを
合わせた彩り鮮やかな
ガパオライス。

アボ・ガパオライス

アボカドの形状 > 角切り（小）　ごはんの種類・分量 > ごはん……2杯

材料（2人分）

アボカド ……… 1/2個
鶏ひき肉 ……… 150g
パプリカ（赤・黄）……… 各1/4個
にんにく ……… 1片
赤唐辛子 ……… 1本
油 ……… 小さじ2
A ┌ ナンプラー・オイスターソース
　　　 ……… 各小さじ2
　　 │ 砂糖 ……… 小さじ1
　　 └ 酒 ……… 大さじ1
卵 ……… 2個
バジル ……… 10g

作り方

1. アボカドとパプリカは1cmの角切りに、にんにくはみじん切りに、赤唐辛子は種を抜いて小口切りにする。**A**を合わせておく。

2. フライパンに油とにんにく、赤唐辛子を入れて弱めの中火で熱し、香りが出てきたら、中火で鶏ひき肉を炒める。肉に火が通ってきたら、パプリカを加えて炒め合わせる。パプリカに油が回ったら**A**を入れ、汁気がなくなってきたら、一口大にちぎったバジルとアボカドを加えてさっと混ぜ合わせる。

3. フライパンのよごれをキッチンペーパーでふき取り、油を適量（分量外）入れて中火で熱し、目玉焼きを作る。

4. 器にごはんをよそい、**2**を盛り付け、**3**をのせる。仕上げにバジルを添える（分量外）。

― POINT ―

♦ バジルが手に入らなければ、大葉やパクチーなどでも代用可能。

♦ 炒め油にココナッツ油を使うとよりエスニック風味に仕上がる。

えびとアボカドの
相性は抜群！
わさびのピリッとした
辛味が味を引き締める！

えびマヨアボカ丼

アボカドの形状 角切り（大）　ごはんの種類・分量 ごはん……2杯

材料（2人分）

アボカド……1個
むきえび……12尾（150g）
塩・こしょう……各少々
片栗粉……大さじ1
油……大さじ1
A　マヨネーズ……大さじ2
　　しょうゆ・練りわさび
　　……各小さじ1/2
レタス（千切り）……30g
ミニトマト……4個
粗びき黒こしょう……適量

作り方

1　アボカドは2cm角に切る。むきえびは背ワ
　タを取る。片栗粉（分量外）を揉み込んで
　洗う。キッチンペーパーで水気をふき取り、
　塩・こしょうをふって片栗粉をまぶす。

2　フライパンに油を入れて中火で熱し、えび
　を入れて火が通るまで3～4分焼く。火を
　止めてフライパンのよごれをキッチンペー
　パーでふき取り、アボカドと混ぜ合わせた
　Aを入れて和える。

3　器にごはんをよそい、レタスを敷いて2を
　のせる。ミニトマトを添え、粗びき黒こしょ
　うをふる。

Recipe
29

温玉の黄身が
甘辛いチキンと
アボカドにマッチ。

てりたまチキンのアボカ丼

アボカドの形状 角切り（大）　**ごはんの種類・分量** ごはん……2杯

材料（2人分）

アボカド …… 1/2個
鶏もも肉 …… 200g
塩・こしょう …… 各少々
小麦粉 …… 大さじ1
油 …… 大さじ1
A｜しょうゆ・みりん・酒
　　…… 各大さじ1
　｜砂糖 …… 大さじ1/2
刻みのり …… 適量
温泉卵 …… 2個
かいわれ大根・マヨネーズ
　…… 各適量

作り方

1 鶏もも肉は一口大に切って塩・こしょうで下味をつけ、小麦粉を薄くまぶす。Aを混ぜ合わせておく。

2 フライパンに油を入れて中火で熱し、1を皮の面を下にして焼く。こんがりと焼き色が付いたら裏返し、弱めの中火で8〜9割火を通す。フライパンの中の余分な油をキッチンペーパーでふき取り、中火にしてAを入れ、とろみがつくまで煮絡める。

3 器にごはんをよそい、刻みのりを敷いて、2と2cm角に切ったアボカドを盛り付ける。中央に温泉卵をのせて、かいわれ大根を添え、マヨネーズをかける。

甘じょっぱさが
アボカドとよく合う
レーズン入りの
ドライカレー。

Recipe
30

50

レーズンとアボカドの
ドライカレー

アボカドの形状 ＞ スライス　　ごはんの種類・分量 ＞ ごはん……2杯

材料（2人分）

アボカド …… 1/2個
豚ひき肉 …… 150g
玉ねぎ …… 100g
にんにく …… 1片
レーズン …… 20g
油 …… 大さじ1
カレー粉 …… 小さじ2
クミンパウダー …… 小さじ1
Ａ　水 …… 大さじ3
　　ケチャップ・中濃ソース
　　　…… 各小さじ2
　　塩 …… 小さじ1/4
　　こしょう …… 少々
カシューナッツ …… 2〜3粒
粉チーズ・パセリ（みじん切り）
　…… 各適量
【付け合わせ】
サニーレタス・ミニトマト・
　彩りピクルス（→P13）……各適量

作り方

1　玉ねぎとにんにくはみじん切りにする。Ａを混ぜ合わせておく。

2　フライパンに油を入れて中火で熱し、玉ねぎとにんにくを入れて炒める。玉ねぎがしんなりしてきたら豚ひき肉を入れて炒め、肉の色が変わったらカレー粉とクミンパウダーを入れてさっと炒める。レーズンとＡを加え、水分が飛ぶまで炒め混ぜる。

3　器にごはんをよそって2を盛り付け、スライスしたアボカドをのせる。刻んだカシューナッツをちらし、粉チーズとパセリをふり、付け合わせを添える。

╌╌╌╌╌╌ POINT ╌╌╌╌╌╌

◊ アボカドをお弁当に入れる場合は、レモン汁をふってラップに包むと、変色をある程度抑えられる。

◊ 酸味の効いたピクルスは、アボカド入りのカレーと相性がよく、彩り野菜を添えることで栄養バランスもととのう。

ベトナム風混ぜごはん
「コムアンフー」を
イメージしたカフェ丼。

ささみとアボカドの
ベトナム風ライスボウル

(アボカドの形状) 角切り（小）　(ごはんの種類・分量) ごはん……2杯

材料（2人分）

アボカド …… 1/2個

鶏ささみ …… 2本

卵 …… 1個

きゅうり …… 1/2本

紫キャベツの甘酢漬け（→P12）
　　…… 適量

きのこの簡単ナムル（→P13）
　　…… 適量

パクチー …… 適量

A レモン汁・ナンプラー
　　…… 各小さじ2

砂糖 …… 小さじ1

赤唐辛子（小口切り）…… 少々

作り方

1 鍋に湯を沸かして塩少々（分量外）を加え、鶏ささみを入れて弱火で6〜7分ゆでる。粗熱がとれたら手で細かく割く。

2 フライパンに少量の油（分量外）を入れて中火で熱し、溶いた卵を流し入れ、表面がかたまるまで焼く。火を止め、裏返して予熱で火を通す。粗熱が取れたら細く切る。

3 きゅうりは縦半分に切ってスプーンで種を取り、斜め薄切りにする。ボウルに入れて、塩ひとつまみ（分量外）を加えてしんなりさせる。アボカドは1cm角に切る。

4 器にごはんをよそい、**1**、**2**、**3**と紫キャベツの甘酢漬け、きのこの簡単ナムル、パクチーを彩りよく盛り付ける。混ぜ合わせた**A**をかける。

〰 **POINT** 〰

◌ 薄焼き卵を作る際、フライパンが小さい場合は2回に分けて焼く。

◌ パクチーの代わりに、小ねぎや大葉をトッピングしてもOK。

Recipe
32

中東風コロッケ
ファラフェルは、
水煮缶を使って
簡単に。

生姜焼き風に
味付けした厚揚げが
メインのベジ丼。

Recipe
33

ファラフェルとワカモレの
ライスボウル

（アボカドの形状）つぶす　（ごはんの種類・分量）雑穀ごはん（→P14）…2杯

材料（2人分）

ワカモレ（→P10）…… 全量
ひよこ豆（水煮缶）…… 150g
玉ねぎ（みじん切り）…… 20g
A｜クミンパウダー・おろしにんにく
　　　……各小さじ1/2
　｜小麦粉…… 小さじ4
揚げ油…… 適量
【付け合わせ】
キャロットラペ・
　紫キャベツの甘酢漬け・
　リーフレタス・レモン（くし形切り）
　…… 各適量

作り方

1　ひよこ豆は水気をしっかり切り、ボウルに入れてフォークで粗くすりつぶし、玉ねぎと合わせる。Aを加えてよく混ぜ、10等分にして丸く成形する。

2　フライパンに5mm程度の油を入れて中火で熱し、1を入れたあとに弱めの中火にして、転がしながらこんがりと色付くまで4〜5分揚げ焼く。

3　器にごはんをよそい、ワカモレ（→P10）と2を盛り付け、付け合わせを添える。

厚揚げとアボカドの
ブッダボウル

（アボカドの形状）くし形切り（縦）　（ごはんの種類・分量）雑穀ごはん（→P14）…… 2杯

材料（2人分）

アボカド …… 1/2個
厚揚げ …… 150g
かぼちゃ …… 80g
ミニトマト …… 2個
片栗粉 …… 大さじ1
油 …… 大さじ1
A｜しょうゆ・みりん・酒
　　　…… 各小さじ2
　｜おろししょうが…… 小さじ1
きのこの簡単ナムル（→P13）・
　白いりごま …… 各適量

作り方

1　厚揚げは2cm角に切り、片栗粉をまぶす。かぼちゃは7mmの厚さに、アボカドは縦くし形に、ミニトマトは1個を4等分に切る。Aを混ぜ合わせておく。

2　フライパンに油を入れて中火で熱し、厚揚げとかぼちゃを入れて焼く。焼き色が付いたらかぼちゃを取り出し、Aを入れてとろみがつくまで煮絡める。

3　器にごはんをよそい、2とアボカド、ミニトマト、きのこの簡単ナムルを盛り付け、白いりごまをふる。

ごま油とにんにくで
パンチを効かせ、
ごはんの進む味に。

牛しゃぶとアボカドの
チョレギサラダ丼

(アボカドの形状) くし形切り（横）　(ごはんの種類・分量) 雑穀ごはん …… 2杯

材料（2人分）

アボカド …… 1/2個
牛肉（しゃぶしゃぶ用）…… 150g
きゅうり …… 1/3本
サニーレタス …… 40g
韓国のり …… 6枚
A しょうゆ・ごま油
　　 …… 各小さじ2
　　 酢 …… 小さじ1
　　 おろしにんにく …… 小さじ1/2
白いりごま …… 適量
糸唐辛子（好みで）…… 適量

作り方

1 牛肉（しゃぶしゃぶ用）は熱湯でゆで、ザルに上げて冷ましておく。アボカドは横くし形切りに、きゅうりは縦半分に切ってから斜め薄切りに、サニーレタスは一口大にちぎる。

2 ボウルに **A** を入れて混ぜ、1 とちぎった韓国のりを合わせてさっと和える。

3 器に雑穀ごはんをよそい、2 を盛り付け、白いりごまをふり、糸唐辛子をのせる。

Recipe
35

パリパリの
れんこんチップスが
食感のアクセントに！

豚しゃぶとアボカドの
和風サラダ丼

アボカドの形状 〉角切り（大）　ごはんの種類・分量 〉ごはん……2杯

材料（2人分）

アボカド …… 1/2個
豚肉（しゃぶしゃぶ用）…… 150g
水菜 …… 60g
れんこんスライス（水煮）
　　…… 10枚
油 …… 適量
A｜しょうゆ・オリーブ油・酢
　　…… 各小さじ2
　　練りわさび …… 小さじ1/2

作り方

1. 豚肉（しゃぶしゃぶ用）は熱湯でゆで、ザルに上げて冷ましておく。アボカドは2cm角に、水菜は3〜4cmの長さに切る。れんこんスライスはキッチンペーパーで水気をふき取る。

2. フライパンに油を少し多めに入れて中火で熱し、れんこんを入れてこんがりと色付くまで揚げ焼く。

3. 器にごはんをよそい、1と2を盛り付け、混ぜ合わせたAをかける。

たっぷりのハーブと
レモンでさっぱり
食べられるエスニック丼。

アボカド・ラープ丼

アボカドの形状 ＞ スライス　　ごはんの種類・分量 ＞ ごはん……2杯

材料（2人分）

アボカド …… 1個
鶏ひき肉 …… 120g
赤唐辛子（小口切り）…… 1本
油 …… 小さじ1
A｜ナンプラー・レモン汁
　　　…… 各小さじ1
　｜砂糖 …… 小さじ1/2
紫玉ねぎ …… 30g
パクチー …… 5g
アーモンド …… 4粒
スペアミント・フリルレタス・
　レモン …… 各適量

作り方

1 フライパンに油と赤唐辛子を入れて中火で熱し、鶏ひき肉を入れて火が通るまで炒める。粗熱をとっておく。

2 紫玉ねぎはみじん切りに、パクチーとアーモンドは粗く刻む。

3 ボウルにAを入れて混ぜ、1と2を合わせて和える。アボカドは1cmの厚さにスライスする。

4 器にごはんをよそい、3を盛り付け、スペアミントの葉をのせ、フリルレタスとレモンを添える。

SLICE

┄┄┄ POINT ┄┄┄

◦ レモンをライムに変えてもOK。たっぷりしぼって食べるのがおすすめ。

◦ アボカドを角切りにして、ほかの具材と一緒に和えてもよい。

ランチョンミートを
合わせて
ごはんの進む味に。

~Recipe~
37

アボ・コブサラダ丼

(アボカドの形状)> 角切り（大） (ごはんの種類・分量)> ごはん …… 2杯

材料（2人分）

アボカド …… 1/2個
ランチョンミート …… 100g
ブロッコリー …… 60g
赤パプリカ …… 1/4個
黒オリーブ（種抜き）…… 6個
紫玉ねぎ …… 20g
A　マヨネーズ …… 大さじ2
　　ケチャップ …… 大さじ1
　　しょうゆ …… 小さじ1
　　チリパウダー（カレー粉）
　　　…… 小さじ1/4
　　レモン汁・粗びき黒こしょう
　　　…… 各少々

作り方

1 ランチョンミートとアボカドは1.5cm
　角に切る。ブロッコリーはさっとゆで、
　小さめの一口大に切る。赤パプリカは
　1cmの角切りに、黒オリーブは輪切りに、
　紫玉ねぎは粗みじん切りにする。

2 フライパンを中火で熱し、油を引かず
　にランチョンミートを入れ、表面にこ
　んがりと焼き色が付くまで転がしなが
　ら焼く。

3 器にごはんをよそい、1と2を彩りよ
　く盛り付け、混ぜ合わせたAをかける。

＜Recipe＞
38

鶏肉を入れることで
食べ応えアップ。
休日のランチに
おすすめ♪

アボチキ・シーザーサラダ丼

（**アボカドの形状**〉角切り（大）　（**ごはんの種類・分量**〉ごはん……2杯

材料（2人分）

アボカド …… 1/2個
鶏もも肉 …… 150g
塩・こしょう …… 各少々
油 …… 小さじ1
リーフレタス …… 40g
紫玉ねぎ …… 15g
ミニトマト …… 4個
くるみ …… 2粒
A ┃ マヨネーズ …… 大さじ2
　　粉チーズ・すし酢
　　　　…… 各小さじ2
　　粗びき黒こしょう …… 少々

作り方

1　鶏もも肉は、皮の面を下にして、肉の厚い部分に数カ所切り込みを入れて、開きながら厚みを均一にし、塩・こしょうで下味をつける。フライパンに油を入れて中火で熱し、皮の面を下にして焼く。焼き色が付いたら裏返し、弱めの中火で火が通るまで7〜8分焼く。

2　リーフレタスは一口大にちぎる。紫玉ねぎは薄切りに、ミニトマトは1個を4等分に切り、くるみは粗く刻む。アボカドと1の肉を2cm角に切る。

3　器にごはんをよそい、2を盛り付け、混ぜ合わせたAをかける。

アボカドを
花モチーフにした
洋風のちらし寿司。

Recipe
39

Recipe
40

定番マリネに
スーパーフードを
合わせたヘルシー丼。

62

生ハムとアボカドの
サラダライスボウル

アボカドの形状 〉アボカドフラワー（→P9）　　ごはんの種類・分量 〉酢めし（→P14）
　　　　　　　　　　　　　　　　　　　　　　　　　　　　　　　　……2杯

材料（2人分）

アボカド …… 1個
生ハム …… 8枚（50g）
ベビーリーフ …… 40g
黒オリーブ（種抜き）…… 4個
くるみ …… 2粒
A　オリーブ油・バルサミコ酢
　　…… 各小さじ2
粉チーズ・ピンクペッパー（好みで）
　　…… 各適量

作り方

1. アボカドフラワーを作る（→P9）。黒オリーブを輪切りにし、くるみは粗く刻む。

2. 器に酢めしをよそい、ベビーリーフをのせ、1と生ハムを盛り付ける。粉チーズとピンクペッパーをふり、混ぜ合わせたAをかける。

スモークサーモンと
アボカドのマリネライスボウル

アボカドの形状 〉角切り（大）　ごはんの種類・分量 〉酢めし（→P14）…… 2杯

材料（2人分）

アボカド …… 1個
スモークサーモン …… 8枚（50g）
玉ねぎ …… 20g
レモン（※防カビ剤不使用のもの）
　　…… 20g
ブロッコリースーパースプラウト
　　…… 20g
A　オリーブ油・酢
　　…… 各大さじ1
　　レモン汁・粗びき黒こしょう
　　…… 各少々

作り方

1. アボカドは2cm角に、スモークサーモンは半分に切る。玉ねぎは極薄切りにし、塩（分量外）を少々ふって揉む。レモンは皮をよく洗い、薄いいちょう切りにする。

2. ボウルにAを入れて混ぜ、1を合わせて和える。

3. 器に酢めしをよそい、2とブロッコリースーパースプラウトを盛り付け、2で残ったマリネ液をブロッコリースーパースプラウトの上にかける。

Column

2

アボカドは家庭料理に最適

おいしいだけじゃないアボカドの魅力を紹介。
優れた栄養価と調理の利便性は家庭料理にピッタリです。

▷ 栄養豊富で 手軽に食べられる

アボカドに豊富な脂質は、オレイン酸をはじめとする不飽和脂肪酸で、血液中の悪玉コレステロールを減らす働きがある。代謝に不可欠なビタミン・ミネラルは20種類以上を含み、食物繊維はごぼうと同等量。その上、加熱不要で皮をむけばすぐに食べられるのも魅力。

手軽な
栄養補給として

▷ 料理への 汎用性が高い

果物特有の甘みや酸味がなく、ねっとりとしたクリーミーな食感が特徴。野菜感覚で使うこともできれば、しょうゆをかけるとまぐろのトロのような味わいに。食材や調味料を選ばず、幅広い料理に合わせることが可能。主役にもなれば、ソースのような脇役にもなれる万能食材として使用できる。

万能食材
として

▷ 動物性脂肪の 置き換えに

アボカドの油分を活用すれば、飽和脂肪酸の摂りすぎを防ぐこともできる。肉の脂身を控えて赤身肉と合わせれば、適度な油分で満足感が得られ、食物繊維も豊富なので腹持ちもよい。また、お菓子づくりのバターや生クリームの代わりに使えば、カロリーダウンでヘルシーな仕上がりになる。

カロリーダウン
食材として

▷ 見た目の変化を 楽しめる

鮮やかなグリーンの色味で食卓を彩り、切り方や盛り付けの工夫で目にも楽しい料理に。花やハート形に成型すれば、おもてなしやお祝いのシーンにも活躍できる。

ユニークな
アレンジとして

ひと手間かけた
ごちそう丼

まったり過ごしたい休日や、
お祝いなどの特別な日にも合うような、
ちょっとした工夫を加えた
本格レシピを紹介します。

41

良質な脂質と
たんぱく質を組み合わせた
ごちそうステーキ丼。

森のフォアグラステーキ丼

アボカドの形状 〉 半割り　　ごはんの種類・分量 〉 ごはん……2杯

材料（2人分）

アボカド …… 1/2〜1個
牛肉（ステーキ用）…… 200g
にんにく …… 1片
塩 …… 小さじ1/4
こしょう …… 少々
オリーブ油 …… 大さじ1
Ⓐ　しょうゆ・バルサミコ酢
　　　　…… 各小さじ4
　　はちみつ …… 大さじ1
クレソン・ピンクペッパー
　　　…… 各適量

作り方

1. 牛肉（ステーキ用）に塩・こしょうで下味をつける。にんにくは包丁の腹でつぶす。Ⓐを混ぜ合わせておく。

2. フライパンにオリーブ油とにんにくを入れて弱火で熱する。焼き色が付いたら、にんにくを取り出す。中火にし、1の肉を入れて好みの加減に焼く。肉を取り出し、フライパンのよごれをキッチンペーパーでふき取る。

3. 2のフライパンにⒶを入れて中火にかけ、とろみがつくまで煮詰めてソースを作る。

4. 器にごはんをよそい、そぎ切りにした2の肉と半割りのアボカドをのせ、クレソンを添える。ソースを適量かけ、ピンクペッパーをちらす。

╌╌╌╌╌╌╌╌╌╌╌╌ **POINT** ╌╌╌╌╌╌╌╌╌╌╌╌

◦ アボカドは油分が豊富なので、脂の少ないモモやヒレなどの赤身の部位がおすすめ。肉の部位に応じて、アボカドの量を加減するとよい。

◦ アボカドの丸みを帯びている部分を、平らに削いでおくと盛り付けがしやすい。

アボカドに
ねぎ塩ダレを絡めた
食べ応えのある丼。

ねぎ塩アボカ豚丼

アボカドの形状 > 角切り（小）　ごはんの種類・分量 > ごはん‥‥‥ 2杯

材料（2人分）

アボカド ‥‥‥ 1/2個
豚こま切れ肉 ‥‥‥ 200g
A　塩 ‥‥‥ 小さじ1/2
　　おろしにんにく ‥‥‥ 小さじ1/2
　　酒 ‥‥‥ 大さじ1
長ねぎ ‥‥‥ 30g
B　ごま油・レモン汁
　　‥‥‥ 各小さじ1
　　塩・粗びき黒こしょう
　　‥‥‥ 各少々
油 ‥‥‥ 大さじ1/2
レモン（くし形切り）‥‥‥ 適量

作り方

1　豚こま切れ肉に**A**を揉み込んでおく。

2　アボカドは1cmの角切りに、長ねぎはみじん切りにし、ボウルに入れて、**B**で和える。

3　フライパンに油を入れて中火で熱し、**1**を入れて火が通るまで炒める。

4　器にごはんをよそい、**3**を盛り付け、**2**をのせ、レモンを添える。

POINT

・こま切れ肉に限らず、薄切りの肉であればどの部位でもOK。歯切れよく仕上がるしゃぶしゃぶ用の薄い肉もおすすめ。

・食べる際にレモンをしぼるとさっぱりとした味わいに。

アボカドと豚肉の旨味を
衣にとじ込めた、
味わい深い丼。

ピリ辛味噌アボカツ丼

アボカドの形状 〉くし形切り（縦）　ごはんの種類・分量 〉ごはん …… 2杯

材料（2人分）

アボカド …… 1/2個

豚ロース薄切り肉 …… 5枚（100g）

ピザ用チーズ …… 適量

塩・こしょう …… 各少々

小麦粉・溶き卵・パン粉 …… 各適量

揚げ油 …… 適量

A｜コチュジャン・味噌・
　　みりん・水 …… 各小さじ2
　　砂糖 …… 小さじ1/2

キャベツ（千切り）…… 適量

白いりごま …… 適量

作り方

1　アボカドは縦5等分のくし形切りにする。豚ロース薄切り肉に塩・こしょうをふり、アボカドの種のくぼみにチーズを入れて、肉を全体に巻き付ける。

2　1に小麦粉、溶き卵、パン粉の順につけ、180℃の油でこんがりと色付くまで4～5分揚げる。

3　耐熱容器にAを入れて混ぜ、電子レンジで50秒加熱する。

4　器にごはんをよそい、ななめ半分に切った2とキャベツを盛り付ける。3をかけ、白いりごまをふる。

COMB SHAPE

⋅⋅⋅⋅⋅⋅⋅⋅⋅⋅⋅ POINT ⋅⋅⋅⋅⋅⋅⋅⋅⋅⋅⋅

◌ ややかため～食べ頃になったばかりのアボカドで作るのがおすすめ。小さめのアボカドで5等分が難しい場合は、4等分にし、アボカドと肉の量を調整する。

◌ ピリ辛味噌ダレのほか、市販のとんかつソースを代用してもOK。

ピリ辛のビビンバに
アボカドを加えれば
まろやかな
味わいに変化！

アボカドビビンバ

アボカドの形状 > 角切り（小）　　ごはんの種類・分量 > ごはん‥‥‥ 2杯

材料（2人分）

アボカド ‥‥‥ 1/2個

A ┃ レモン汁 ‥‥‥ 小さじ1
　　┃ 粗びき黒こしょう ‥‥‥ 少々

にんじん ‥‥‥ 60g

B ┃ ごま油 ‥‥‥ 小さじ1/2
　　┃ 塩・白いりごま ‥‥‥ 各少々

豆もやし ‥‥‥ 80g

C ┃ ごま油・しょうゆ
　　┃ 　　‥‥‥ 各小さじ1
　　┃ おろしにんにく ‥‥‥ 小さじ1/4

牛こま切れ肉 ‥‥‥ 150g

油 ‥‥‥ 小さじ1

D ┃ コチュジャン・
　　┃ 　しょうゆ・酒 ‥‥‥ 各小さじ2
　　┃ 砂糖 ‥‥‥ 小さじ1
　　┃ おろしにんにく ‥‥‥ 小さじ1/2

きのこの簡単ナムル（→P13）
　　‥‥‥ 60g

温泉卵 ‥‥‥ 2個

糸唐辛子（好みで）‥‥‥ 適量

作り方

1. アボカドは1cm角に切り、**A**で和える。

2. にんじんは千切りにし、耐熱ボウルに入れてふんわりとラップをかけて、電子レンジで1分加熱する。水気をキッチンペーパーでふき取り、**B**で和える。

3. 豆もやしは耐熱ボウルに入れてふんわりとラップをかけて、電子レンジで1分半加熱する（またはさっとゆでる）。水気をキッチンペーパーでふき取り、**C**で和える。

4. フライパンに油を入れて中火で熱し、牛こま切れ肉を入れて炒める。肉の色が変わったら、混ぜ合わせた**D**で味付けをする。

5. 器にごはんをよそい、**1**、**2**、**3**、**4**、きのこの簡単ナムルを盛り付け、中央に温泉卵をのせ、糸唐辛子を添える。

‑‑‑‑‑‑‑‑‑‑‑‑‑‑‑ **POINT** ‑‑‑‑‑‑‑‑‑‑‑‑‑‑‑

◌ 牛肉の味付けは、焼肉のタレで代用可能。

◌ 上記の具材のほか、白菜キムチなどトッピングをアレンジしてもOK。

焼いたアボカドが
トロトロになり、
スパイシーなカレーを
マイルドに仕上げる。

チキンと野菜の
アボカドスープカレー

> **アボカドの形状** ► くし形切り（縦）

> **ごはんの種類・分量** ► ターメリックライス（→ P14）…… 2杯

材料（2人分）

アボカド …… 1/2個
鶏手羽元 …… 4本
玉ねぎ …… 1/2個
パプリカ（赤・黄）…… 各1/4個
ブロッコリー …… 6房
れんこんスライス（水煮）…… 6枚
油 …… 適量
カレー粉 …… 大さじ1
A　水 …… 500ml
　　鶏ガラスープの素 …… 小さじ1
　　しょうゆ・ケチャップ・
　　　中濃ソース …… 各小さじ2
　　砂糖 …… 小さじ1
　　おろししょうが・おろしにんにく
　　　…… 各小さじ1/2

作り方

1. 鶏手羽元は骨に沿って切り込みを1筋入れる。玉ねぎはくし形切りに、パプリカは縦半分に切り、アボカドは縦4等分のくし形切りにする。ブロッコリーはかためにゆでる。れんこんスライスは水気をキッチンペーパーでふき取る。

2. 鍋に油大さじ1を入れて中火で熱し、1の肉を焼く。肉の表面にこんがりと焼き色が付いたら玉ねぎを入れ、油が回ったらカレー粉を加えてさっと炒める。Aを入れて煮立ったらアクを取り、弱めの中火で10〜15分煮る。

3. フライパンに油を少し多めに入れて中火で熱し、パプリカとブロッコリー、れんこんスライス、アボカドを入れ、こんがりと色が付くまで揚げ焼く。

4. 器に2をよそい、3を盛り付け、ターメリックライスを添える。

--- POINT ---

◌ ややかためのアボカドはじっくりと火を通し、やわらかめのアボカドは表面をさっと焼く程度にして、食感を少し残すとよい。

◌ 野菜は上記の食材に限らず、好みのものを加えても◎。

時短でトロトロ！
薄切り肉なのに
角煮同等の満足感！

Recipe
46

アボカドの角煮風丼

（**アボカドの形状**〉角切り（大） （**ごはんの種類・分量**〉ごはん……2杯

材料（2人分）

アボカド……1個
豚バラ薄切り肉……6枚（150g）
片栗粉……大さじ1
油……大さじ1
A ┌ しょうゆ・みりん
　　　……各大さじ1と1/2
　　酒……大さじ1
　　砂糖……小さじ2
　　しょうが（すりおろし）
　　　……小さじ1/2
半熟卵……1～2個
練りからし（好みで）……適量

作り方

1 アボカドは12等分を目安に2～3cm
　程度の角切りにする。豚バラ薄切り肉
　は長さを半分に切り、アボカドに巻き
　付けて片栗粉を全体にまぶす。**A**を混
　ぜ合わせておく。

2 フライパンに油を入れて中火で熱し、
　肉の巻き終わりを下にして、転がしな
　がら焼く。肉の色が変わったら火を止
　め、フライパンの中の油をキッチンペー
　パーでふき取る。再び中火にかけ、**A**
　を加えてとろみがつくまで煮絡める。

3 器にごはんをよそい、**2**と半熟卵を盛
　り付け、練りからしを添える。

- - - - - - ＼ｌ／ - - - - - -
POINT

◊ **A**に五香粉を少量加えると、台湾風の味わいに。

◊ 半熟卵は温泉卵で代用してもOK。

アボカドの濃厚なソースと甘酢あんがベストマッチ！

Recipe 47

チキン南蛮のアボタル丼

アボカドの形状 > つぶす　　ごはんの種類・分量 > ごはん……2杯

材料（2人分）

タルタル風ワカモレ（→P11）
　　……全量
鶏むね肉…… 150g
かぼちゃ…… 80g
塩・こしょう……各少々
小麦粉……適量
溶き卵……1個分
揚げ油……適量
A 酢……大さじ2
　 しょうゆ・砂糖
　　……各大さじ1
サラダ菜・ミニトマト……適量

作り方

1 鶏むね肉は一口大のそぎ切りにし（約8等分）、塩・こしょうで下味をつける。かぼちゃは5mmの厚さに切る。

2 かぼちゃを170℃の油で1〜2分素揚げする。1の肉を小麦粉、溶き卵の順につけ、180℃の油でこんがりと色付くまで5〜6分揚げる。

3 バットにAを入れて混ぜ合わせ、2を熱いうちに漬ける。

4 器にごはんをよそい、タルタル風ワカモレ（→P11）を盛り付け、サラダ菜とミニトマトを添える。

フライパンひとつで
仕上げるドリア風の
時短どんぶり。

-Recipe-
48

アボカドリア丼

（アボカドの形状）角切り（大）　（ごはんの種類・分量）ターメリックライス（→P14）
……2杯

材料（2人分）

アボカド …… 1/2個

鶏もも肉 …… 150g

玉ねぎ …… 1/4個

マッシュルーム …… 4個

塩・こしょう …… 各少々

バター …… 10g

小麦粉 …… 大さじ1と1/2

A 牛乳 …… 150ml

鶏ガラスープの素
…… 小さじ1

塩 …… 少々

粉チーズ・パセリ（みじん切り）
…… 各適量

作り方

1 鶏もも肉は小ぶりの一口大に切り、塩・こ
しょうで下味をつける。玉ねぎとマッシュ
ルームは薄切りに、アボカドは2cmの角切
りにする。

2 フライパンにバターを入れて中火で熱し、
肉、玉ねぎ、マッシュルームの順に入れて
炒める。玉ねぎがしんなりしたら小麦粉を
ふり入れ、具材になじむまで炒める。

3 **A**を加え、とろみがつくまで混ぜながら1〜
2分煮る。仕上げにアボカドを入れてさっ
と混ぜ、塩で味をととのえる。

4 器にごはんをよそい、3を盛り付け、粉チー
ズとパセリをふる。

Recipe
49

チーズ入りのあんが
アボカドとよく合う、
ちょっと洋風な
天津丼。

とろ～りチーズの
天津アボカ丼

アボカドの形状 ＞ スライス ／ ごはんの種類・分量 ＞ ごはん‥‥2杯

材料（2人分）

アボカド‥‥‥1個

卵‥‥‥3個

牛乳‥‥‥大さじ2

油‥‥‥小さじ2

Ａ｜水‥‥‥150ml

　　鶏ガラスープの素
　　　　‥‥‥小さじ1/2

　　ケチャップ・酢‥‥‥各大さじ1

　　オイスターソース‥‥‥小さじ1

片栗粉‥‥‥小さじ2

　（同量の水で溶く）

ピザ用チーズ‥‥‥30g

小ねぎ（斜め切り）‥‥‥適量

作り方

1 小鍋に **Ａ** を入れて火にかける。ひと煮たちしたら火を弱め、水溶き片栗粉を加えてひと混ぜする。とろみがついたら火を止めてピザ用チーズを入れ、余熱で溶かす。

2 ボウルに卵を割りほぐし、牛乳を加えて混ぜる。アボカドは1cmの厚さにスライスする。

3 フライパンに油の半量を入れて中火で熱し、卵液の半量を流し入れて、手早くかき混ぜる。好みの半熟加減になったら火を止める。

4 器にごはんをよそい、3とアボカドを盛り付け、1をかける。小ねぎをちらす。

SLICE

━━━━ **POINT** ━━━━

◊ 卵を焼くフライパンは、直径20cm程度のものが便利。2回に分けて（1人分ずつ）作る。

◊ あんを作る際はダマにならないよう、水溶き片栗粉を加える前に必ず火を弱める。

Recipe
50

アボカドの色味と
風味が引きたつ
塩味のあっさり麻婆。

Recipe
51

ピーマンの代わりに、
アボカドとパプリカで
彩りよく。

厚揚げとアボカドの塩麻婆丼

〔アボカドの形状〕角切り（大）　〔ごはんの種類・分量〕ごはん‥‥‥2杯

材料（2人分）

アボカド‥‥‥1個
厚揚げ‥‥‥150g
鶏ひき肉‥‥‥80g
長ねぎ‥‥‥30g
油‥‥‥小さじ2
豆板醤‥‥‥小さじ1/2
A　水‥‥‥150ml
　　酒‥‥‥大さじ1
　　鶏ガラスープの素‥‥‥小さじ1
　　おろししょうが・おろしにんにく
　　　　‥‥‥各小さじ1/2
　　塩‥‥‥小さじ1/4
片栗粉‥‥‥小さじ2（倍量の水で溶く）
小ねぎ（小口切り）・ラー油‥‥‥各適量

作り方

1　アボカドと厚揚げは2cm角に切る。長ねぎはみじん切りにする。Aを混ぜ合わせておく。

2　フライパンに油を入れて中火で熱し、鶏ひき肉と豆板醤を入れて炒める。肉に火が通ったら、厚揚げと長ねぎを入れてさっと炒め、Aを加えて2分ほど煮る。アボカドを加えて軽く温まったら、一度火を弱めてから水溶き片栗粉を加え、再び中火にしてとろみをつける。

3　器にごはんをよそい、2を盛り付け、小ねぎをちらして、ラー油をかける。

チンジャオ・アボカ丼

〔アボカドの形状〕くし形切り（縦）　〔ごはんの種類・分量〕ごはん‥‥‥2杯

材料（2人分）

アボカド‥‥‥1個
牛切り落とし肉‥‥‥150g
パプリカ（赤・黄）‥‥‥各1/4個
片栗粉‥‥‥小さじ1
油‥‥‥大さじ1
A　オイスターソース・しょうゆ
　　　　‥‥‥各小さじ2
　　砂糖‥‥‥小さじ1/2
　　酒‥‥‥大さじ1
白いりごま・糸唐辛子（好みで）
　　‥‥‥各適量

作り方

1　アボカドは縦くし形切りに、パプリカは5mm幅の細切りにする。牛切り落とし肉に片栗粉をまぶす。Aを混ぜ合わせておく。

2　フライパンに油を入れて中火で熱し、1の肉を炒める。肉の色が変わったらパプリカを入れてさっと炒め、アボカドとAを加えて味付けをする。

3　器にごはんをよそい、2を盛り付けて、白いりごまをふり、糸唐辛子をのせる。

まぐろ×アボカドは
ソテーしても美味！
わさびソースが
味の決め手♪

Recipe
52

84

まぐろとアボカドの サイコロステーキ丼

アボカドの形状 > 角切り（大） ごはんの種類・分量 > ごはん …… 2杯

材料（2人分）

アボカド …… 1個
まぐろ（刺身用）…… 150g
にんにく …… 1片
塩・こしょう …… 各少々
オリーブ油 …… 大さじ1
A｜しょうゆ …… 小さじ2
　｜練りわさび …… 小さじ1
ベビーリーフ・紫玉ねぎ（スライス）
　 …… 各適量

作り方

1 アボカドとまぐろは2cm角に切り、まぐろには塩・こしょうで下味をつける。にんにくは薄切りにし、芽をとる。

2 フライパンにオリーブ油とにんにくを入れ、弱火でじっくりと揚げ焼く。こんがりと色付いたらキッチンペーパーの上に取り出す。フライパンに残った油小さじ2を別の容器に移し、Aを合わせてソースを作る。

3 2のフライパンを再び中火で熱し、まぐろを入れて転がしながら焼く。全体に火が通ったらアボカドを加え、さっと炒め合わせる。

4 器にごはんをよそい、3を盛り付け、2のソースをかける。2のにんにくをちらし、ベビーリーフと紫玉ねぎを添える。

・・・・・・・・・ **POINT** ・・・・・・・・・

♦ まぐろは刺身用を使うので、中はレアでもOK。焼き加減はお好みで。まぐろの刺身は、厚みが2cm程度のサクを選ぶとよい。

レアで仕上げた
サーモンに、
ディルを加えたソースで
ごちそう感アップ!

Recipe

53

レアサーモンソテーの
アボタル丼

アボカドの形状 > つぶす　　ごはんの種類・分量 > ごはん …… 2杯

材料（2人分）

タルタル風ワカモレ（→P11）
　　…… 全量
紫玉ねぎ …… 30g
ディル（みじんぎり）…… 小さじ1
サーモン（刺身用）…… 200g
塩・こしょう …… 少々
バター …… 10g
A｜しょうゆ・レモン汁
　　…… 各小さじ1
サニーレタス・レモン（輪切り）・
　　ディル …… 各適量

作り方

1 タルタル風ワカモレ（→P11）を紫玉
　ねぎで作り、ディルを加えて混ぜる。

2 サーモンは水気をキッチンペーパーで
　ふき取り、塩・こしょうで下味をつける。

3 フライパンにバターを入れて中火で熱
　し、2を入れたら火を強め、表面を好
　みの加減にさっと焼く。サーモンの粗
　熱を取り、1cmの厚さに切る。

4 器にごはんをよそい、3を盛り付ける。
　混ぜ合わせたAを適量かけ、1をのせ
　て、サニーレタスとレモンとディルを
　添える。

CRUSH

POINT

● 加熱用のサーモンを使う場合は中までしっかり火を通すこと。

● ディルを加えたタルタル風ワカモレは、ムニエルのソースに活用してもOK。

あっさりした
味わいのたいも
アボカドと合わせて
食べ応えアップ！

-Recipe-
54

たいのごま味噌漬けアボカ丼

アボカドの形状 > スライス　　ごはんの種類・分量 > 酢めし（→P14）…… 2杯

材料（2人分）

アボカド …… 1/2個
たい（刺身用）…… 150g
A みりん …… 大さじ1
酒 …… 大さじ1
B 味噌 …… 大さじ1
すりごま …… 小さじ2
刻みのり …… 適量
卵黄 …… 2個分
かいわれ大根 …… 適量

作り方

1 耐熱容器に **A** を入れ、電子レンジで1分加熱し、※煮切る。**B** を混ぜ合わせ、冷ます。

2 たいは厚さ1cmのそぎ切りにしてバットに並べ、**1** をまんべんなくかけてラップをし、冷蔵庫で10〜15分漬けおきしておく。アボカドは7mmの厚さにスライスする。

3 器に酢めしをよそい、刻みのり、**2** を交互に盛り付ける。中央に卵黄をのせ、かいわれ大根を添える。

※酒やみりんのアルコール分を煮立てて蒸発させること。

柴漬けの酸味と
食感がアクセントの
豪華なちらしずし。

~Recipe~
55

うなぎとアボカドの彩りちらし丼

> アボカドの形状 ▶ 角切り（小）　　ごはんの種類・分量 ▶ 酢めし（→P14）⋯⋯ 2杯

材料（2人分）

アボカド ⋯⋯ 1/2個
うなぎのかば焼き ⋯⋯ 80g
卵 ⋯⋯ 1個
柴漬け ⋯⋯ 20g
大葉 ⋯⋯ 2枚
刻みのり・白いりごま・粉山椒
　　⋯⋯各適量

作り方

1　うなぎのかば焼きは電子レンジで軽く温め、食べやすい大きさに切る。アボカドは1cmの角切り、柴漬けは粗みじん切り、大葉は千切りにする。

2　フライパンに少量の油（分量外）を入れて中火で熱し、溶いた卵を流し入れ、表面がかたまるまで焼く。火を止め、裏返して予熱で火を通す。粗熱が取れたら細く切る。

3　器に酢めしをよそい、2をのせ、1を盛り付ける。刻みのりと白いりごまをちらし、粉山椒をふる。

Recipe 56

甘辛に味付けした
めかじきに、わさび入り
アボカドソースが
ベストマッチ！

照り焼きめかじきの
わさびアボタル丼

(アボカドの形状) つぶす　　　(ごはんの種類・分量) ごはん……2杯

材料（2人分）

タルタル風ワカモレ（→P11）
　……全量
練りわさび……小さじ1
めかじき……2切れ（200g）
小麦粉……適量
油……大さじ1/2
A｜しょうゆ・みりん・酒
　｜……各大さじ1
　｜砂糖……小さじ1
【付け合わせ】
水菜（ざく切り）・
　キャロットラペ（→P12）……各適量

作り方

1　タルタル風ワカモレ（→P11）に練り
　わさびを加える。

2　めかじきは1切れを3等分にし、水気
　をキッチンペーパーでふき取り、小麦
　粉をまぶす。Aを混ぜ合わせておく。

3　フライパンに油を入れて中火で熱し、
　2のめかじきを焼く。焼き色が付いた
　ら裏返し、弱めの中火で2分焼く。A
　を加え、とろみがつくまで煮絡める。

4　器にごはんをよそい、3と付け合わせ
　を盛り付け、1をのせる。

たんぱく質たっぷりの
ヘルシー食材が融合！
混ぜて食べると
味わいも融合！

‹ Recipe ›
57

豆腐そぼろの
三色アボカ丼

アボカドの形状 ＞ 角切り（小）　ごはんの種類・分量 ＞ ごはん……2杯

材料（2人分）

アボカド …… 1/2個

木綿豆腐 …… 1/2丁（150g）

A ┃ しょうゆ・みりん …… 各小さじ2
　　┃ 砂糖 …… 小さじ1

卵 …… 1個

B ┃ 塩 …… 少々
　　┃ 砂糖 …… ひとつまみ

油 …… 少々

紅しょうが …… 適量

作り方

1 木綿豆腐はキッチンペーパーで包み、耐熱皿にのせて電子レンジで2分加熱する。アボカドは1cm角に切る。

2 小鍋に**1**と**A**を入れて中火にかけ、箸で混ぜながら、ぽろぽろになるまで4〜5分炒り付ける。

3 卵を溶きほぐし、**B**を入れて混ぜる。フライパンに油を入れて中火で熱し、卵液を流し入れて炒り卵を作る。

4 器にごはんをよそい、**2**、**3**、アボカドを盛り付け、紅しょうがを添える。

塩さばを
エスニック風に！
ワカモレをのせて
ごちそう感アップ。

Recipe
58

92

エスニック風
ワカモレ塩さば丼

アボカドの形状 > つぶす　　ごはんの種類・分量 > ごはん……2杯

材料（2人分）

ワカモレ（→P10）…… 全量
塩さば（フィレ）…… 1枚
A｜ナンプラー …… 小さじ1
　｜みりん …… 小さじ1
B｜小麦粉 …… 大さじ2
　｜カレー粉 …… 小さじ1
油 …… 大さじ2
【付け合わせ】
彩り野菜のピクルス（→P13）
　…… 適量
パクチー …… 適量

作り方

1. 塩さばは腹骨を削ぎ取り、2〜3cm幅に切る。それぞれ混ぜ合わせたA、Bを順に絡めてまぶす。

2. フライパンに油を入れて中火で熱し、1を皮の面から入れて焼く。こんがりと焼き色が付いたら裏返し、弱めの中火で火が通るまで2〜3分焼く。

3. 器にごはんをよそい、2と付け合わせを盛り付け、ワカモレ（→P10）をのせる。

CRUSH

- - - - POINT - - - -

🥄 生さばを使う場合は、Aにしっかりと漬け込んでから衣をつけるとよい。

🥄 揚げ焼きする油にココナッツ油を使用すると、よりエスニック風に。

バターしょうゆに
粉山椒を加えて
奥行きのある
味わいに。

Recipe
59

プリプリのえびと
アボカドの食感が
楽しいかき揚げ丼に。

Recipe
60

ほたてとアボカドの山椒バター丼

アボカドの形状 ＞ 角切り（大）　　ごはんの種類・分量 ＞ ごはん……2杯

材料（2人分）
アボカド……1個
ベビーほたて（ボイル）
　……10個（120g）
バター……10g
A｜しょうゆ……小さじ1
　｜酒……小さじ1
粉山椒……適量
刻みのり……適量
かいわれ大根……適量

作り方
1. アボカドはベビーほたての大きさに合わせて角切りにする。Aを混ぜ合わせておく。
2. フライパンにバターを入れて中火で熱し、ほたてを炒める。軽く焼き色が付いたらアボカドを入れてさっと炒め、Aを加えて味付けをする。仕上げに粉山椒をふる。
3. 器にごはんをよそい、刻みのりを敷いて2をのせ、かいわれ大根を添える。

えびとアボカドのかき揚げ丼

アボカドの形状 ＞ 角切り（小）　　ごはんの種類・分量 ＞ ごはん……2杯

材料（2人分）
アボカド……1/2個
むきえび……8尾（80g）
玉ねぎ……30g
三つ葉……20g
A｜小麦粉……大さじ3
　｜片栗粉……大さじ2
冷水……60ml
揚げ油……適量
B｜めんつゆ（2倍濃縮）・水
　……各大さじ2
　｜砂糖……小さじ1

作り方
1. えびは背ワタがあれば取り、片栗粉（分量外）を揉み込んで流水で洗い、水気をキッチンペーパーでふき取る。アボカドは1cmの角切りに、玉ねぎは薄切りに、三つ葉は3〜4cmの長さに切る。
2. 1とAをボウルに入れ、全体に粉が回るように混ぜる。冷水を加え、箸でざっくりと混ぜる。1/4の量をヘラにのせ、180℃の油でカラッとするまで3〜4分揚げる。
3. 耐熱容器にBを入れ、電子レンジで30秒加熱する。
4. 器にごはんをよそい、2をのせて3を適量かける。

95

著者略歴

緑川鮎香

アボカド料理研究家/管理栄養士・フードコーディネーター
東京農業大学卒業。学生時代よりアボカド研究に打ち込み、好きが高じ
て料理研究家の道へ。「Avocados From Mexico」主催のアボカド料理
コンテストで2度の連続優勝を果たす。現在はテレビやウェブ、雑誌、
書籍等でレシピ開発や栄養監修などを中心に活動。「アボカドがあれば
ごちそうレシピ」(SBクリエイティブ) ほか。

HP：https://ayuka-midorikawa.com

STAFF

編集	柏倉友弥、松本裕の（以上スタジオポルト）
写真	三輪友紀（スタジオダンク）
デザイン	山岸蒔（スタジオダンク）
イラスト	アライヨウコ
スタイリング	小坂桂
調理アシスタント	髙橋結
食材協力	たべごろアボカド専門店 アボカド屋
	https://avocadoya.ocnk.net

アボカ丼

2020年10月14日　初版発行

著　者	緑川鮎香
発行者	鈴木伸也
発行所	株式会社大泉書店
住　所	〒101-0048
	東京都千代田区神田司町2-9
	セントラル千代田4F
電　話	03-5577-4290 (代)
ＦＡＸ	03-5577-4296
振　替	00140-7-1742
印刷・製本	株式会社光邦

©Oizumishoten 2020 Printed in Japan
URL　http://www.oizumishoten.co.jp
ISBN　978-4-278-03823-1　C0077